मैत्री

मैत्री

तेजी ग्रोवर

वाणी प्रकाशन

वाणी प्रकाशन
4695, 21-ए, दरियागंज, नयी दिल्ली 110 002
फ़ोन : +91 11 23273167 फ़ैक्स : +91 11 23275710
शाखाएँ
अशोक राजपथ, पटना 800 004, बिहार
कॉफ़ी हाउस कैम्पस, महात्मा गांधी मार्ग, इलाहाबाद 211 001, उत्तर प्रदेश
महात्मा गांधी अन्तरराष्ट्रीय हिन्दी विश्वविद्यालय, वर्धा 442 001, महाराष्ट्र
सुल्तानिया रोड, मोतिया पार्क, भोपाल 462 001, मध्य प्रदेश
www.vaniprakashan.com
marketing@vaniprakashan.in
sales@vaniprakashan.in

MAITRI
by Teji Grover

ISBN : 978-93-89915-25-9
Poetry Collection

प्रथम संस्करण 2020
मूल्य : ₹ 295
आवरण एवं ग्राफ़िक : मंदीप सिंह मनु
आवरण चित्र : (विशुद्ध प्राकृतिक रंगों से) तेजी ग्रोवर

सिटी प्रेस, दिल्ली-110 095 में मुद्रित

वाणी प्रकाशन का लोगो मक़बूल फ़िदा हुसेन की कूची से

यह आपकी हँसी का शब्द है, कृष्ण...

सूची

कठपुतली की आँख

मेरे मन में पुरुष की कोई और ही छवि थी

मार्ग

देवनागरी के विषय में

शिव के शब्दमय शरीर के दर्शन

बूढ़े प्रेम की कविताएँ

ये कविताएँ चित्रकार अम्बादास को समर्पित

मैत्री

अक़्स कविताएँ

मॉरिस ब्लाँशो के लिए

कुछ मित्रताएँ न मिलने से पनपती हैं

सिद्धार्थ के चित्रों से

कठपुतली की आँख

One does not know [in Jacobsen's poetry] when the verbal weave finishes and when the space begins.

– Rilke

एक

दूर से कोई देखता है कठपुतली की आँख से
रात में गये हुओं के चिह्न उभरते हैं

एक ही झाड़ी जलकर ख़ाक हुई है
एक ही पतरिंगे के पंख झड़े हैं
एक ही पाँव का निशान है पानी के पास

प्यास लगती है
(दूर से पता नहीं चलता, टीले के पार तक)
किसे

वह अबुझ
पूछ-पूछ कर यात्री के पीछे जाती है

दो

रोशनी हर जगह चहचहाने लगती है
और पक्षी चमकते हैं

जो गये हैं
वे गये हैं अपनी छाया में सोये
वे आँसुओं की तरह सूख कर गये हैं

संकेत में
कोई संकेत भी नहीं है

कठपुतली सो सकती है
सूर्य की हवा में

तीन

उनका जाना
कठपुतली की आँख में था

वे इतने रंगीन थे
कि कोई भी हरा सकता था उन्हें
इतने मोहक
कि उनके जाने का कोई पर्याय भी नहीं था
जिसे वे अपनी जगह भेज सकते थे

वे रख सकते थे, वे चाहते, तो अपने नृत्य को
जाने की जगह

वे एक आकार में
ठहर जाते
और अभिनय को तीर की तरह छोड़ देते

उनकी मृदुता
उनका भय
उनकी देह का स्वाँग, उनका प्रेम

कठपुतली की आँख में था

चार

वह देखती है उन्हें
वे देखने देते हैं

वह निहार
उनके अंगों में प्रत्यक्ष है
और दर्पण में नहीं है

बहुत दूर तक कुत्ते एक गन्ध के पीछे घूरते हुए जाते हैं

हल्की सी हवा में एक तलवार हिलती है
और हवा की एक तितली गिर जाती है

वह देखती हैं उन्हें
वे देखने देते हैं

वह निहार
उनके अंगों में प्रत्यक्ष है

और दर्पण में नहीं है
एक अकुलाहट में वे उठकर पानी पीते हैं

चन्द्रमा
झील से
अक़्स को खींच लेता है

पाँच

बिम्ब के बिना रचना एक इच्छा थी

और इच्छा
अपने स्वभाव से बिम्ब के पीछे जाती थी

इस तरह
वे आये

और सरसराते हुए घूमने लगे यहाँ से वहाँ

वे धू-धूकर जलने लगे
और जलाने लगे

वे इतने मुखर हो गये
कि शान्त करना उन्हें
एक और रचना में व्यक्त होने लगा

फिर वे इतने शान्त
कि उठाने से भी उठते नहीं थे

फिर भी
दहकती रही अग्नि

सरसराहट
आती रही

छह

वे बिम्ब ही थे
जिनसे और बिम्ब उपजते थे
कुछ और मिट जाते थे

उनसे निकलना
उनकी अति के बाद ही सम्भव होता
उनका तिरस्कार
उन्हें रचने की सामर्थ्य से
रचने की सामर्थ्य को रचते भी बिम्ब थे
मिटाते भी थे

वे करघे
जो सुख
और दुख को रचने

सामने रखे दिखायी देते थे
उन्हीं में
सुख और दुख का वास था

पूरे प्रान्त में
करघों के सिवा कोई बिम्ब नहीं थे

प्राण में
काँप-काँप जाती थीं उँगलियाँ

सात

बारिश होने लगती है
कठपुतली की आँख में

अपने कुलों को बचाने
चींटियाँ
दायरों में घूमने लगी हैं

दानों को बगराते हुए
वे पूसे उठाते हैं

और खड़ी-खड़ी
बैठ जाती है एक चिता
कठपुतली की आँख में
कठपतुली के रंग उतर आये हैं

साँप की तरह
टकटकी लगाये

कोई एक इन्द्रधनुष सा
तन जाता है दृश्य में

ग़ौर से देखो
तो कुछ नहीं है
कठपुतली की आँख में

आठ

कहानी बुझ गयी थी
अलाव से उठने का शुऊर
किसी में दिखायी नहीं देता था

वे बैठे रहे
अपनी चादरों की गुलकारी को छूते हुए
अपने सोने के दाँतों से मुस्कराते

पौ फट रही थी
कठपुतली की आँख में

सूर्य की जगह
कोयले सुलग रहे थे

नौ

पगडण्डी के बीचों-बीच
पक्षियों की हड्डियाँ थीं
और सूर्य की धूप में
चमक रही थीं

उनका नाम लेने से वे उड़ते हुए सामने नहीं आते थे

उनके पैर कोमल थे
और गर्दन के रंगों से वे
चहचहाते फिरते थे वन में

अण्डे ही अण्डे थे
झाड़ियों के नीचे

हड्डियों में देखो
तो दुख दिखायी नहीं देता था

दस

वे उठे
और पानी पीने से पहले
उन्होंने दीवार को सजा दिया
कठपुतली की आँख से

प्यास लगी थी उन्हें
जो दीवार से दिख रही थी

वे जल्दी में थे
और पानी को उनकी देह में
रास्ता नहीं मिल रहा था

उन्होंने पुतलियों को नचाया
कभी ऊपर कभी नीचे

पानी
किसी हड्डी की तरह तड़प रहा था
कठपुतली की आँख में

ग्यारह

उसे भी नींद आती थी
कठपुतली की आँख को

लेकिन वह सोती नहीं थी

वह ज़िद थी
या धैर्य
कोई काम था उसे
या निष्काम थी वह
इसका पता लगाना कठिन था

कहीं नीचे
रंगों में हिलते हुए हाथ की तलवार में
कभी-कभी
पलक झपकने की आवाज़ आती थी

जिसे कठपुतली के कान से
वह सुन नहीं सकती थी

बारह

उसकी आँख से
कुछ नहीं बरसता था

कुछ नहीं
जो अनस्तित्व की तरह था
अनस्तित्व
जो इच्छा में
उतर आता था
वह रेत में
रेत पर
रेत के बिना
एक चिह्न था

जिसके खेल में
इतना रंग दिखायी देता था

कि वह भी डर जाती थी

जो कहने को
सिर्फ़ कठपुतली की आँख थी

तेरह

रेत
तूफ़ान में थी

और
खुली हुई थी वह
जो कठपुतली की आँख थी

पनाह लेने
कई निर्गुणी आये
और चले गये

वे पक्षी
जिनकी आँख में रेत थी
वे भी पनाह लेने आये

घास
जो रेत में उगती थी

वह ओस
जो गिरती थी
तिनकों के हिलने से

और भी गिर जाती थी
वह भी आयी

वह धूप
जो ओस को पीती थी
उसे भी आना था
धूप की तरह
वह भी आयी

और इस तरह
कोई अन्त नहीं था
कठपुतली की आँख में

उसे कुछ दिखायी नहीं देता था

मेरे मन में पुरुष की कोई और ही छवि थी

●

तुमने 'दुख' शब्द का दुख मुझे दिया है
मेरे जाने के क्षण में

मेरे मन में पुरुष की कोई और ही छवि थी
जो जाने देती है मुझे
और आने देती है
मृत्यु के आरपार
सहज देहरियों पर नाचती हुई
ओस की रोशनी

●

मेरे हाथ
विदा में हिल रहे हैं

गेहूँ की बालियाँ
पूरब की हवा में

●

मेरे जाने के मानी अभी नहीं हैं –
नहीं हैं –

वे आयेंगे तुम्हारे पास
जैसे पानी के बाद
पत्तों से
पानी का
गिरना

●

नहीं हैं
कोई अर्थ नहीं हैं
इन यात्राओं की एकरस कथाओं में

मेरे लौट आने पर
तुम्हारी कुटिया
चाँदनी की बूँदों में सोयी हुई मिलती है

तुम्हारी आँखों में
स्वप्न मिट रहे होते हैं

●

मैं जाने का स्वाँग रचती हूँ
तुम दुख का

मैं कोई और बड़ा दुख देखने
किसी और बड़े दुख के सामने चली आती हूँ
अपनी देह को रखती हूँ
कि देह अभी है

और दुख से भर जाना चाहती है

●

मेरे जाने की हद है
हद जैसे हो गयी है
मुझसे छिपकर
मेरे पीछे
जैसे कोई रेखा
मिट रही है
तुम्हारी उँगली के स्पर्श से

●

और इसी तरह
फिर किसी दिन
मैं तुम्हारे नाम की ओर
चली आती हूँ
जो मैंने तुम्हें
अपनी यात्रा में दिया है

तुम सुनते हो
धीरज से
और पोंछ देते हो

आँख से खुल गये स्वप्न की तरह

●

वे मिल गयी हैं हमें –
क्रियाएँ –
और जाना
सिर्फ़ एक है

तुम
चुनते हो
मनन के लिए
बस एक ही क्रिया को

मुझे दिखते रहते हो
समुद्र के उस ओर से भी

तुम्हारे मुँह से
रात की जगी हुई ख़ुशबू
उफ़ुक तक आती है

तारे
गिर रहे होते हैं
पुरखों की आँख से

और
पंक्तियों में
प्राण के कई और रूप
मिट रहे होते हैं

तुम
चुनते हो
मनन के लिए
बस एक ही क्रिया को

मार्ग

एक

अब यही उसका नाम है

इस चट्टान की छाया में
न कोई भय है
न कोई यह कह सकता है
कि झाड़ी के फूलों में
नीली घण्टियों का रूप
अब दिखायी नहीं देता

देखो
सामने की धूप में
क्या साफ़ निकल आये हैं
इसके सियाह पत्थर

किनारों पर
हर शय के फ़न निकल आये हैं

ऊपर
आसमान के नीले में
बादल किसी विपरीत अर्थ की तरह
सफ़ेद पड़ रहे हैं

दो

सोचो
तो हर अर्थ विपरीत है

हर शब्द
हमारे पास है
लेकिन इतना
कि हम देख नहीं सकते

युद्ध के धुएँ में
कोई कह देता है
पानी नहीं है
तो कोई मुस्कुरा नहीं सकता

वह भूल गया है अपना जलपात्र
इन सियाह पत्थरों पर
किसी शब्द की तरह

श्वेताम्बरी

तीन

अगर कोई कहे
वह अभी-अभी छोड़ गया है
दो अनसिले श्वेत इन सियाह पत्थरों पर

और घाम से भरा हुआ
एक जलपात्र

कि बादल
श्वेत के किसी पर्याय की तरह
विचर रहे हैं

पानी का शब्द
प्यास के शब्द से
हर क्षण दूर होता जा रहा है

पार करने के लिए
उभरता ही नहीं है इस दृश्य में

मीलों-मील तक कथा में भटकता हुआ

श्वेताम्बरी

चार

– सुपात्र –
कोई कहता है

मन में
एक भाव की उत्पत्ति होती है

मैं
वह नहीं हूँ
जो उच्चारित किया गया है

इन सियाह पत्थरों पर
पहली बार
दुख की बारिश होने लगती है

पाँच

फिर यह मैं कौन है
और मेरे ही सुपुर्द क्यों कर दिया गया है इसे

मुझसे बनता नहीं है
इन सियाह पत्थरों पर
मैं का
एक भी विशुद्ध बिम्ब

प्यास लगती है
जिस एक बिम्ब को

वह एक घूँट पानी में
मिट चुका होता है

छह

फिर वे प्यास ही में रहने लगे
(अगर यह बात इन पंक्तियों में सम्भव है)

उस समय
सियाह पत्थरों के पथ पर
पशुओं की आँख में जल था
न अक़्स के लायक कोई सतह थी
न देह के सिवा छाया का कोई अन्य स्रोत

श्वेताम्बरी
सोच रहे थे
उनके जलपात्रों में
स्पर्श के सिवा कुछ नहीं था

उनके पन्नों में
शब्द कुछ खुल गये थे

'तुम्हारे लिए मुझे कुछ भी अदेय नहीं है'

देवनागरी के विषय में

शिव के शब्दमय शरीर के दर्शन

●

वसुमन!
आप रह भी तो नहीं सकते
अपने शब्दमय शरीर में
हमें ठीक से पढ़े बिना।
इकार और ईकार में
हमारे ही अक़्स हैं
जो आँसू उमड़ रहे हैं, वे हम ही हैं, दुखहारी,
कोई और नहीं है

सियाह पत्थरों पर
गूँज कहाँ है
श्वेताम्बरी के मुख में
उच्चारण निर्दोष नहीं है
न वह

जहाँ जल है
तारल्य नहीं है
हठ है
प्यास है –
और, स्पष्टाक्षर,
यही हमें लिखना है

पशुपति!
उकार और ऊकार में
जिन अश्वों का रुदन आप श्रवण कर रहे हैं
वे नहीं हैं, प्रभो; भस्मशायी, वे नहीं हैं
सिर्फ़ उनकी प्यास है, महानाद,
वे नहीं हैं

इस भूखण्ड में
नैमिषारण्य के मौनी वृक्ष
तेल के कुओं में दहक रहे हैं

यह अग्नि है
प्यास है, हव्यवाह,
और सूक्ष्म नहीं हैं हम, कम हैं, सुन नहीं सकते

सियाह पत्थरों के किनारे
देखें तो कितने फ़न हैं, सौन्दर्य-धर्मा,
रस के अभाव में
जिन्हें डस लिया गया है

जटाधारी!
अर्घ्य में हल्की सी फ़ेनिल होती हुई वह अमल जलराशि
क्या नाम था उसका
इस पृष्ठभाग में

हमें क्यों थे कनेर, कर्णिकारप्रिय,
हमें क्यों थे सौन्दर्य के सहस्र फ़न

ये आभूषण हमें क्यों थे, व्याली –
हमारे हृदयाकाश में
क्यों थे, विशालाक्ष,
आप कहाँ निकल आये थे

बूढ़े प्रेम की कविताएँ

ये कविताएँ चित्रकार अम्बादास को समर्पित

सफ़ेद फूलों से ढँके हुए
इसी क्षण, मैं मर जाना चाहूँगा
हमारे इस स्वप्न में

– एत्सुजिन

●

वे एक या दो-दो लकड़ियाँ उठाये, टीले के सूर्य की सान्ध्यकालीन चित्रलिपि में एक चिता को लिख रहे हैं नदी के तट पर।

रुदन न होने से दुख केवल एक दृश्य है, जिसे छायाएँ आग देती हैं, पानी के पास, एक पंक्ति में। निःशब्द।

नदी सिर्फ़ एक सतह है प्रवाह में, ख़ाली है, रुग्ण है, सौन्दर्य का शल्क है, और नदी है।

वह जो कोई भी था, उन लकड़ियों में, वे लकड़ियाँ थीं, और वे भी जल रही थीं। किसी के लिए भी कोई रो नहीं रहा था।

उस समय टीले पर आसन जमाये हम हृदय में खींच रहे थे धुएँ को। बाँस के झुरमुट के तने भी कुछ-कुछ जले थे और बांस के पीले पत्तों की राख उड़ रही थी।

मैंने एक दहकता गुलमोहर तुम्हारी गोद में रख दिया था उस शाम, घर लौटने से पहले।

•

वहाँ खखरा के झाड़ भी थे, और हम उन्हें पलाश कहते थे।

कौए वन में से निकलती हुई बिजली की तारों पर किसी घटना का शोर मचाये बैठे थे।

कहीं कुछ हुआ है, तुमने कहा। मैं अपने वन को देखने लगी, तुम अपने वन को।

दूर-दूर तक हमारी दृष्टि कुछ काले, पीले, सफ़ेद धब्बों और ध्वनियों से छूकर वापिस आती रही।

कहीं कुछ भी ऐसा नहीं था जिसे हम बूझ सकते, जैसे वन में हमारा मन ही हमें दिखायी देने लगा था –

क्या हम प्रेम करते हैं
क्या हम करुणा से भरे हैं
क्या पक्षी हमें सान्त्वना देते हैं

●

हम चिड़िया को देख चिड़िया से मिलने वाले सुख में कुछ और देख लेते थे और सहम जाते थे।

हम आहत थे और रुग्ण थे और हर बात मन में रंग की तरह लगाकर बैठ जाते थे।

अपने अंग-संग दिन-रात रहने वाले शख़्स की याद आने लगती
थी और रोना आता था।

कोई बहुत दूर था, उसकी गन्ध रन्ध्रों में फूट पड़ती थी, और सफ़ेद रात घिर आती थी।

पास बैठे हुए की याद में हम उसकी किताबों से धूल पोंछने लगते थे।

मन की इस मरुभूमि में धूल का कोई अन्त नहीं था।

●

कौए की उड़ान में एक लकीर थी जिसे हम मन में खींच लेते थे।

वहाँ पहले ही से कई लकीरें थीं। एक उलूक की, एक हंस की, एक सोनपंखी की।

हम नाम लेते थे, और वे कौंध आती थीं स्मृति पर। जैसे किसी अथाह गहराई से आने में उन्हें क्षण भर की ही देर थी।

आते ही वे धीमे-धीमे फिर से मिटने लगती थीं।

फिर हम नाम लेते थे, आँखों के पर्दे पर, नाम लेते थे टीले की गीली रेत में बैठे, नाम लेते थे।

और इस तरह, उन लकीरों का वास हमारे मन में होता था।

•

कितनी सुबह थी वह शाम, कितना पास था वह अस्त होता हुआ टीला, जो उदय हो रहा था। एक सूर्य था, एक चन्द्रमा था – किसी बच्चे से पूछकर देखना पड़ रहा था, जब आसमान कुछ अक्षर दिखाकर फिर मेघों में डूब जाता था।

दिशाएँ भ्रम थीं, इच्छाएँ उतर गयी थीं बारिश की नदी में, बगुले निकल रहे थे काले दृश्यों के बीच से, फुलचुकियाँ, सूर्य-चिड़ियाँ अपनी चित्तियों से राज्य सँभाले उड़ रही थीं, शरण ले रही थीं कच्ची छतों के नीचे।

आधा लाल, आधा लौकी-हरा वह गिरगिट था जो मुण्डी उठाकर दायें-बायें दृश्य को पी रहा था – दृश्य जो पानी था और कोई नाव नहीं थी जिसमें पड़े जीव बचकर निकल सकते किसी टरटराते देव के प्रकोप से।

फिर एक साथ कई कुत्ते, दो एक झींगुर और छपछपाते हुए हाइकु मेंढक... कौन कह सकता था यह वही नदी है, और वही ये हम हैं जो भूल जाते हैं।

●

क्या यह सिर्फ़ हमें लगता ही था कि हम अपनी बची हुई पृथ्वी पर अपने बचे हुए सौन्दर्य को सँजोकर रखने की कोशिश कर रहे थे?

क्या तिड़क नहीं चुका था हमारा काँच, और अक्सों में लम्बी, सर्पीली दरारें नहीं उभर आयी थीं?

क्या ऐसा नहीं था कि हमारे मस्तिष्क के स्लेटी और लाल फूल सूख चुके थे और हमारे बच्चे उन्हें अक्सर पानी देना भूल जाते थे?

क्या यह भी हमारा भ्रम था कि हमारे हिस्से के वन में वही ख़ूब हरे टिड्डे अब भी शान से धूप के चकत्तों में बैठे थे?

क्या अब भी एक दूसरे से खड़खड़ा नहीं उठते थे खखरा और पीपल के झाड़?

●

वे तोते ही थे जो आँधी की-सी ध्वनि करते, सिर के ऊपर से उड़ते हुए, हिलते हुए पेड़ों में समा जाते थे।

दृष्टि वहाँ तक जाती थी, फिर लौट आती थी।

एक बार फिर, एक और हरा झोंका सिर के ऊपर से उड़ता हुआ साँझ के हिलते हुए पेड़ों में घुल जाता था।

एक बच्चे का-सा उठ जाता था मन; फिर वह भी रात के हिलते हुए पेड़ों में समा जाता था।

●

वे अचानक बड़े स्नेह से हमें गले से लगाकर सो जाते हैं,
स्वप्न में।

उनके बाल पहले से ज़रा खुरदुरे हो गये हैं, त्वचा ज़रा तिड़क गयी है, एड़ियाँ दरारों से भर गयी हैं।

उनके हृदय से फिर वही ध्वनि हमारे शरीर में धड़कने लगती है, सिर्फ़ एकाध धड़क बीच-बीच में टूट जाती है, जहाँ हमें ख़ौफ़ आने लगता है।

इस रात भी फिर वही एक-दूसरे को अपनी मृत्यु से बचाते हुए लोग जिन्हें उनके खुदा ने लॉरल के दरख़्तों में बदल दिया था।

●

सपने में कोई हमारी ओर पीठ किये कह रहा था, आप जानते हैं वे शान्त हो गये हैं।

हम उस समय पूर आयी हुई नदी के किनारे पर बैठे थे और अपने बनाये हुए चित्रों के बारे में सोच रहे थे। लोग अपनी बोरियाँ भरने की कोशिश कर रहे थे जो कहीं-कहीं से फटी थीं।

पानी एक रेलिंग के उस ओर बह नहीं रहा था, वह जगह कुछ ऊँची थी और बड़ी नरम धूप में डूबी हुई थी।

हमने अपने चित्रों के बारे में सोचते हुए गर्दन उठाकर उस ओर देखा।

आप उसी खुली-खुली सफ़ेद कमीज़ में रेलिंग पर हाथ रखे, बेशक हमें नज़र आ रहे थे साफ़-साफ़ धूप में।

●

हम दूर रहते थे आँखों के ताप से, उँगलियों के स्पर्श से, त्वचा के रंग से, हम दूर रहते थे।

हम दूर रहते थे, दूर रहते थे, हम दूर रहते थे, और चन्द्रमा के ठण्डे नीले पानी में हमारी आत्मा सो जाया करती थी हमारी देह के साथ।

वे आते थे कभी किसी मनुष्य की तरह, कभी किसी बड़े से घायल भूरे पक्षी की तरह हवा में उड़ते हुए, हमारे नीले वस्त्र के साथ वे टकरा जाते थे स्वप्न में। हम बाँहें खोल देते थे उनके ख़ून से सने हुए स्वप्न में।

मैत्री

I always address myself to your lack of understanding.
Without that, you see, it wouldn't be worthwhile.

– Marguerite Duras

अजातशत्रु शिव

और

दिव्य ज्योति घाट, होशंगाबाद में बहती

नर्मदा मैया की स्तुति में

●

सुखी!
यह भी तुम्हारा नाम है
और अगर तुम्हें याद हो
सूक्ष्म भी तुम्हीं हो, प्रभो।

हे मदनदहनकारी!
यह देह
जो इस संसार में मुझ निरीह को है
मेरे पड़ोसी
मेरे मित्र
और मेरे इन दिनों के शत्रु को भी
क्या वही देह है
हे अर्धनारीश्वर!

हे परन्तप!
शत्रु-भाव रखने वाले को सन्ताप देते हो
और शत्रु भी तुम्हीं देते हो
जो मित्र हैं।
उन्हें भी, जो शत्रु हैं,
ऐसे ही शत्रु देते हो
जो मित्र हैं, हे अजातशत्रु!

हे भक्तवत्सल, हम मनुष्य हैं,
दुखहारी शब्द की ध्वनि करते हैं
और तुम्हारी ओर देखने लगते हैं।
हे नीलग्रीव, हमारी ग्रीवा कभी किस दिशा में
तारक समूहों के अभाव में, नक्षत्रविहीन अवकाश में
तुम्हें ढूँढ़ती है, हे व्यालाकल्प,
हम तुम्हारे ही सर्पों से बचते हुए
इस प्रपंच में उतर आये हैं

हे जटिल कलाधर!
वे कौन सी कलाएँ हैं जिनके लिए युद्ध रचा रहे हैं?
उतने विषधर भी नहीं हम कि सह सकते –
मित्रों के मर्म तक अदृश्य हैं हमें
और उनके वध्य-स्थल ही दृश्य हैं
जिन पर उठ जाते हैं हमारे हाथ
और उचित कार्य का बोध मिट जाता है, हे स्पष्टाक्षर

देवासुरमहामित्र!
हमारी शुभ्र आत्म-छवियाँ वे हाँक ले गये हैं जो शत्रु हैं
और अकम्पित हाथों से उन्हें बदल रहे हैं
जैसे वे मित्र हों।
उनकी शुभ्र आत्म-छवियाँ
हमारी शरण में आयी हैं, हे आश्रितवत्सल,
और हम उन्हें बदल रहे हैं,
और ज़ार-ज़ार रो रहे हैं, हे प्रसन्नात्मा,
कि साँझ के समय और कुछ नहीं था हमें, हे निरुपद्रव!

'तुमने जिन शिष्यों को उपदेश दिया है
उनमें कौन तुम्हारे समान है?

वे अधम शिष्य आज भी
अन्यान्य शास्त्रों में भटक रहे हैं’

कार्तिकेय से पूछे गये प्रश्न से
तुम्हारे ही पुराण से
ये पंक्तियाँ हम यहाँ लेकर बैठ गये हैं

उस जलराशि के पास
जिसके एक क्षीणकायी बिम्ब के तट पर
तुम ले आये हो हमें, हे अस्थिधन्वा!

●

उस क्षण
एकदम निष्कवच बैठे थे हम
अंगों में वध्य-बिन्दु चमक उठे थे

उस क्षण
हमारे मित्र
झाड़ियों में से हँसते हुए आये
और टूट पड़े

हमारे अंग
जो विस्मयादिबोधक चिह्न थे
जिन्हें प्रेमी जन हवा में कहीं भी टाँक लेते थे
और खुश हो जाते थे,
अब मर्त्य थे मित्रों के पाश में

फिर कई दिन बीत गये
और नदी के तट पर हमारी अस्थियों ने गाना शुरू किया –
वे भी निष्कवच थे
उनके वध्य-बिन्दु भी चमक उठे थे
उस क्षण, जब वे झाड़ियों में से हँसते हुए आये
और टूट पड़े थे।

●

(अग्निएता प्लेयेल के लिए)

वे लोग
अपने वाहन पर
एक पशु के चीत्कार को बाँध रहे थे

चहों ओर तब भी पतरिंगे और दूधराज उड़ रहे थे
कोई उलूक टीले से किसी आड़ी रेखा सा घाटी में उतर रहा था
बाँस के पत्ते वन के फ़र्श पर सुनहरी गिर रहे थे...
धान अपने उगने की पूरी लोच से निराभास हवा में बह रही थी
मनुष्य बच्चे अपनी ऐश्वर्यशाली ग़रीबी में छुट्टी मना रहे थे
नदी का उथला अवतार भरी दोपहर में किसी तलवार सा ऊँघ रहा था

वे उस आर्तनाद को बाँध रहे थे
और पृथ्वी के उत्तर से आयी हुई एक अतिथि आत्मा
छत से देख रही थी
और रो रही थी।

पशुपति,
तुमने भी
देखा तो होगा न!

•

टिटहरियाँ हमें आते देख अपने अण्डों पर मँडराने लगती थीं।

उनकी चीख़ों से हम ख़ुद पर शक करने लगते थे। हम मित्र हैं, हम सोचते थे, वे हमें शत्रु सोचती थीं, और हम भी शत्रु सोचने लगते थे, और ख़ुद से उन्हें बचाने की गर्ज़ से तेज़-तेज़ चलने लगते थे।

हम उनसे दूर जाकर उन्हें बचाने वाले मित्रों में बदल जाते थे।

●

वे कहते थे हमें लिखना चाहिए।

हम यह मानकर कि वे चाहते थे हमें लिखना चाहिए, अपने असह्य मन को अन्यमनस्क होकर देखना शुरू कर देते थे।

चन्द्रमुखी गोर्की की तस्वीर निहारकर सो चुकी होती थी। एक पंक्ति में प्यास के पहाड़ों पर धुआँ ढाँप रहा होता था धूप के पीले अक्षर। वह जो अपने जाने के बाद दर्पण देखने घर लौट आती थी, दर्पण में रखी एक मेज़ पर अपनी सुगन्ध छोड़कर चली गयी थी।

सारा दुख एक करवट लेकर सुख में बदल जाने की कोशिश करता था और हम भूल जाते थे अपने अर्ध-विराम। पन्ने बहुत सफ़ेद थे, पलटकर बहुत कोरा सा वे हमें ताकते थे, और फरफरा कर उड़ निकलते थे घर से बाहर। क्षिप्रा की सतह पर काई से टकराता हुआ एक काग़ज़ हवा में घूमता चला जाता था

वे नहीं कहते थे और हम अपने असह्य मन को एक तीखी नोक में उतर जाने देते थे, होशंगाबाद की बारिश में।

वह ऐसी जगह थी जहाँ बगुले अपना रंग दिखाने सुरमई पहाड़ों के सामने अचानक उड़ आते थे आँखों में। टीले से दिखते अपने बलों को साँझ के सूर्य के नीचे खोल देती थी नदी।

हर गली जहाँ से वह दिखती थी, उस गली में कई कान छुए जाते थे क्षमा के स्वर में। बकरियाँ सफ़ेद फूलों को खाने टूटे हुए मन्दिर में चली आती थीं उसके तट पर। सिक्का गिरने से पैसे की आवाज़ नहीं होती थी उसके किनारे।

वे दिन जो थे, वे कोशिश करते थे काठिन्य में भी सरल महसूस होने की। काठिन्य किसका था, कौन बातें थीं जिनमें अभी सुख था, अब भी हमें प्राण से स्नेह क्यों था, इन प्रश्नों पर होशंगाबाद की बारिश होने लगी थी।

●

चींटियाँ

वे कभी साबुन को खाने लगती थीं। वे कभी ढँके हुए घड़े में भी
घुसकर डूब जाती थीं, और बीच-बीच में कभी-कभी शहद में।

वे अन्न ग्रहण करना पूरी तरह छोड़ चुकी थीं हमारे घर में।

हम भी उनसे कुछ सूँघना सीखना चाहते थे लेकिन कुछ दूर जाकर
बेतरह बिखर जाता था हमारा शिष्य भाव।

वे उन संकेतों के साथ हिलमिल गयी थीं जो हमें कभी नहीं मिलते थे।
मित्रों के मन भी हमारे लिए असह्य प्रेम की माँदों में छिपने लगे थे।

हम पारदर्शिता से, खुली हुई हँसी से होते हुए एक कत्थई से नीले में
पहुँच रहे थे, जहाँ मीलों-मील दूर-दूर तक कोई भी पगडण्डी दिखायी
नहीं देती थी।

•

वे भाग्य थे, एक-दूसरे के नक्षत्रों से झरती हुई बर्फ़ थे। वे बहुत धीमे बोलते थे। एक-दूसरे को सुनते थे, ज़ोर से हँसते थे अपनी श्वेत और काली हँसी। विधिअम्मा उन्हें जो दुख देती थी, वे किसी मर्त्य प्राणी से कहते नहीं थे। उनकी आत्मा का रुदन हवा में उड़ते हुए अक्षर खींच लेते थे उनके श्वास से। इस तरह वे हमकलम होते हुए भी कभी लिखते या चित्र नहीं बनाते थे, वे स्वयं एक चित्रलिपि थे, किसी पुरखे या किसी पक्षी के प्रकाश में दिखने लगते थे, पास आ जाते थे, पढ़े जाते थे।

इस चित्रलिपि के विलुप्त हो जाने को छोड़कर वे हर दुख की कल्पना कर लेते थे।

●

वे हमें ख़ूब तेज़ रोशनी की शुआओं से घेर लेते थे। वे हमें
मिट्टी के दीयों से, आँखों के ताप से।

वे हमें जुगनुओं से घेर लेते थे, शब्दों की आँच से, वे लिखने की क्रिया से घेर लेते थे हमें।

हम डूब जाते थे उनके ठीक सामने, वह प्रवाह जो चमक रहा था, असह्य चमक रहा था।

अपने स्वभाव के पूरे ओज पर कोई एक क्षण था, जो उनकी ओर देखती हुई आँखों में घुल जाता था।

●

फिर किसी दिन वे हमें दी हुई अपनी शुआएँ, अपना नूर खींच लेते थे हमारी डरी हुई आँखों से।

वे शुआएँ उनके किसी काम की नहीं थीं, और वे उन्हें वापस खींच रहे थे हमारे ख़ून के हर क़तरे से।

वे एक सूखे हुए कुएँ के सामने अपनी कोई एक प्यास लिए चले आते थे, जिसे कोई बूझ नहीं रहा था।

वे शुआएँ उनके किसी काम की नहीं थीं, किसी काम का नहीं था वह नूर।

•

हम दिखा देते थे अपने वध्य-स्थल इतने भोलेपन से कि हमें खुद ही आश्चर्य होता था।

फिर आश्चर्य होता था कि कोई हमें ठीक वहीं, ठीक वहीं से टोहने चला आया है। ठीक वहीं महसूस होता था किसी अन्य का होना, ठीक वहीं महसूस होती थी उसकी हँसी।

इसे कोई प्रेम कह देता था, कोई घृणा। एक समय के बाद कोई फ़र्क़ नहीं पड़ता था।

आश्चर्य था कि इतने साफ़ खुले मन से ख़ूब तेज उड़ते हुए हरे और काले पक्षी अपने साँझ के बसेरे में समा जाते थे।

इतना तार-तार कर चुके थे हम उनके हिस्से का आकाश, फिर भी वे अपना उड़ना हमें दिखाते थे।

कोई जीव था हमारा मन जो जहाँ घायल था चींटियाँ वहीं चली आती थीं।

●

अगर हम यह सब भूलकर झील के किनारे एक मिट्टी के ढेमे पर अपना सर रखकर गुंजार करते जीवों और खखरा के झाड़ के चटख़ फूलों के स्वप्न में चले जाते।

अगर एक कविता भी ऐसी होती जो हमें वहाँ से कभी एक पल के लिए भी उठने न देती।

अगर क्षण का अर्थ यही क्षण होता, बाँस के पत्तों का राज्य, पक्षी समाज की हवा में खींची हुई लकीरें।

अगर ऐसी ही होती मैत्री, इसी तरह का होता प्रेम, और मृत्यु भी उसी ढेमे में, झील के किनारे, चटख़ फूलों के स्वप्न में।

●

बारिश की कगार पर बैठे बगुले हरियाली के सामने इस क़दर सफ़ेद थे कि हम रोने लगते थे।

पीपल के स्वर में हम रोने लगते थे, जब बूँदें गिरती थीं, पत्ते हिलते थे, काले थे पहाड़ एक-दूसरे से सटकर खड़े हुए।

इस तरह कि उनके बीच सितारों के टूटकर गिरने का अवकाश था। हमारी काली आँखों के सामने, किसी भी क्षण, कुछ भी महक उठता था, जिसे हम पढ़ने लगते थे।

●

वे आते थे सौन्दर्य की उस नदी में सशरीर तैरते हुए, हमारे तट पर निकल आते थे पानी से। हम उन्हें मित्र कहने लगते थे।

काले और सुरमई पहाड़ों के सामने, मेघों को खोल कर उड़ते हुए बगुले हमारी आँखों की सीमा में चले आते थे।

स्वप्न से भी फीके किसी शिंजन में चलती हुई बकरियाँ सफ़ेद फूलों को कुतरने लगती थीं, और पीपल के स्वरों में उठ आते थे पीली तितलियों और टिड्डों के भँवर।

जैसा सुख था, कुछ-कुछ वैसा ही दुख भी था।

●

वे जब दुख मनाते थे, केवल मृत्यु सुनायी पड़ती थी।

जिसे वे सिर्फ़ साँस की लय में बोलते थे, जिसे सब साँस की लय से सुनते थे, वह मरने का एक ढंग था जो वे कब से शिल्पित कर रहे थे।

वे उसे ऊँचा नहीं बोल सकते थे, लेकिन अब बोल रहे थे। जैसे अचानक कण्ठ में सदियों से धरा हुआ नील उगल रहे हों। जैसे किसी कष्ट से बिंध गया हो उनकी ग्रीवा का विष।

हम अचानक बहुत सी अनगढ़ मृत्यु से घिर जाते थे।

•

क्या ऐसा नहीं था कि जैसे पक्षी ठीक एक ही क्षण एक साथ उड़ जाते थे साँझ के समय, वैसे ही हम थे?

जैसे चींटियाँ चलती थीं, किसी चींटी के शव की ओर, और अन्न का दाना छोड़ उठा लेती थीं उसे?

जैसे सरकण्डे हवा में गाने लगते थे, रेत उड़ती थी तो टीले का टीला गा उठता था कणों में?

जैसे बकरियाँ बैठती थीं सिर्फ़ एक रेशा भर सटी हुईं एक दूसरे से – जैसे सितारों के बीच अवकाश रहता था, क्या वैसे ही हम थे?

●

वे हमारी कविताएँ अब नहीं सुनते थे, और हमें सपने आते थे।

वे चित्र देखने नहीं आते थे हमारे घर, और हमें सपने आते थे।

धूप के उस चकत्ते में हम रंगों को घोलते थे, जहाँ से उठकर वे चले गये थे। काग़ज़ के उस सफ़्हे पर हम शब्दों को रख देते थे जो उनके जाने से सफ़ेद पड़ रहा था।

वे पुआल की एक ढेरी पर थक कर सो रहे थे हमारे स्वप्न में।

अक़्स कविताएँ

•

हमें अब उनकी ओर से भी उस सबको देखना होता था जिसे वे अब देख नहीं रहे थे।

वे हमें किसी अन्य राज्य में एक बिन्दु पर बिठाकर दबे पाँव लौट गये थे।

आईने में, जहाँ हम थे, उनके प्रियजन भी थे, और उनकी अपनी उँगलियों से लिखे, मोतियों से चमकते हुए विदागीत।

आईने में ख़ूब कसैली पड़ गयीं अनानास की फाँकें थीं। हम अपने आहार को देखते थे, और आईने के बाहर उन्हें भी जो मीठे दिखते फलों से अनायास घिर गये थे।

सफ़ेद और हरे पक्षी वहीं आईने में थे, हिरण थे, और गिलहरी का गन्धाता हुआ घोंसला भी।

वहीं था हमारी ओर वह पारिजात का पेड़ भी, जो उनके गीतों से झरता था हमारे स्वप्न में।

•

जहाँ अक़्स नहीं था, वहाँ अक़्स के चित्र थे, और भक्क से सफ़ेद पड़ चुका एक चन्द्रमा।

वहाँ सितारे भी थे, काली रात में पड़े हुए, जैसे पृथ्वी की गोद में न कोई जल था, न ही कोई आईना, न काँपता हुआ कोई कवि, न कोई नाव ही जो आसमान की छाया को चप्पू से खेती हुई रात में चली जाये।

जहाँ अक़्स नहीं था, पक्षी नहीं थे, पत्ते सिर्फ़ अक़्स में सरसराते थे, हवाएँ चलती थीं अक़्स में।

कोई एक मोर सा था जो पूरा खिला हुआ कभी इस ओर चला आता था जहाँ अक़्स था, बादल थे। कभी उस ओर जहाँ उसकी देह से झरा एक पंख कभी पानी में चन्द्रमा के अक़्स पर गिरा था।

मॉरिस ब्लाँशो के लिए

("कुछ मित्रताएँ न मिलने से पनपती हैं")

एक

वे इतना लिखते थे, और पक्षियों के बारे में कुछ भी नहीं।

वे इस तरह लिखते थे कि जो वे नहीं लिखते थे, वह ज़्यादा साफ़ हमें दिखायी देता था। इस तरह हमने पक्षियों को देखा, और उनके संसार में न होने के दुख को।

हमने इस तरह समुद्र के अँधेरे नीले पानी को भी देखा। और उस सबको भी, जो हमें देखना था, और देख नहीं पाते थे।

दो

एक समय के बाद वे मनुष्य के पास होने की गन्ध को भूल गये थे। भीड़ में नीचे बैठे किसी किताब या फल को चुनकर ख़रीदने की गन्ध को।

इस भूलने के भीतर वे अपने कक्ष में बैठ इस भूलने से अपने वाक्यों की रचना करते थे। उन्हें पढ़कर हम उन गन्धों को सूँघ सकते थे जो हमारी कल्पना में नहीं थीं –

बर्फ़ की खुशबू, इन्द्रधनुष की गन्ध, और उस नीले की भी जो हमारे जीवन को छूकर मृत्यु में बदल रहा था।

तीन

वे हमें सोचना सिखाते थे और सोचकर उसी क्षण भूल जाना। फिर कभी-कभी हम सोच में भूल जाना भूल जाते थे।

वह सोच जो भूलने को भूल जाने के क्षण में रहती थी, विष से नीली पड़ जाती थी मन में।

चार

वे सोच को छोड़कर चले जाते थे, और इस तरह वे हमें दिखाते थे सोच का काठिन्य।

उनकी छोड़ी हुई सोच अधूरी पड़ी रहती, और उसके नीचे का घाव साफ़ दिखायी देता था।

इसी तरह वे मृत्यु की सोच को अधूरा छोड़कर चले जाते थे। और बारिश में धुलकर सफ़ेद पड़ जाती थीं उनकी हड्डियाँ हमारे मन में।

पाँच

वे अब मौन गये थे। उनके गले में खड़े पानी का रंग झिलमिलाने लगा था।

उनकी वाणी हमारी कल्पना में बहती थी, बिना किसी शब्द के। चीज़ों से रिक्त एक कक्ष समुद्र के तट पर।

खिड़की से रात भर लहरों की आवाज़ आती थी।

सिद्धार्थ के चित्रों से

एक

हम उनके न आने को कई रंगों से भर देते थे और हर सम्भव तरह से घुल जाते थे चित्र में।

रोशनी की शुआएँ अपने सतरंगे बाल पटक-पटक कर गा उठती थीं काग़ज़ पर, मत्स्यकन्याएँ फ़ेनिल जलराशियों में रोने लगती थीं सुख में।

ज़मीन पर बैठा कौआ ज़मीन पर लेटी मनुष्य माँ के पारदर्शी गर्भ से बतियाने लगता था।

काशनी रंग था वहाँ, रात का उनींदरा। जैसा जीवन था, कुछ-कुछ वैसी ही मृत्यु भी थी।

दो

वे अपनी ही गहराई से रूठ गये थे और नीले रंगों में सने हुए, सतह पर निकल आये थे।

उन्हें नहीं मालूम थे सतह के सुख और दुख, शत्रु और मित्र, प्रेम और घृणा, भूरा और श्वेत, स्वप्न और दुःस्वप्न, पारिजात के फूल, धन-धान्य, अनाज, पानी, पक्षी और पशु। वे चाहते तो तकिये की गुलकारी तक में कपास का मर्म देख सकते थे। श्यामा के पंखों में देह और आत्मा का एक ही दृश्य दिखायी देता था।

जैसी गहराई थी, कुछ-कुछ वैसी सतह भी थी।

तीन

वे नहीं जानते थे उनके अक्षर हमारे जीने की इच्छा में झरते हैं।

हम नहीं जानते थे अगर यह सुख था तो अन्ततः दुख भी यही था।

वे हमें भरमाते थे दुख के उच्चार से, वे अपने प्रियजनों की मृत्यु से भरमाते थे हमें, वे प्रेम के टूट जाने के बाद के प्रेम से भरमा देते थे हमें।

फिर सुबह के आठ का ताम्बई पीपल झरने लगता था, पूरा दिन पत्ते गिरते थे सूर्य के अलग-अलग रंगों की हवा में। न मैत्री थी, न मृत्यु, न ही प्रेम था वहाँ, न घृणा, न रोने की आवाज़ ही आती थी दृश्य से।

बस ज़मीन की क़शिश थी और पत्ते गिरते थे।

❑❑